有名小入試 項目別問題集

ステップナビ A 入門編

言語・常識

Shinga-kai

1 生活①（花、果物、野菜）

2 生活②（道具）

3 生活③（道具）

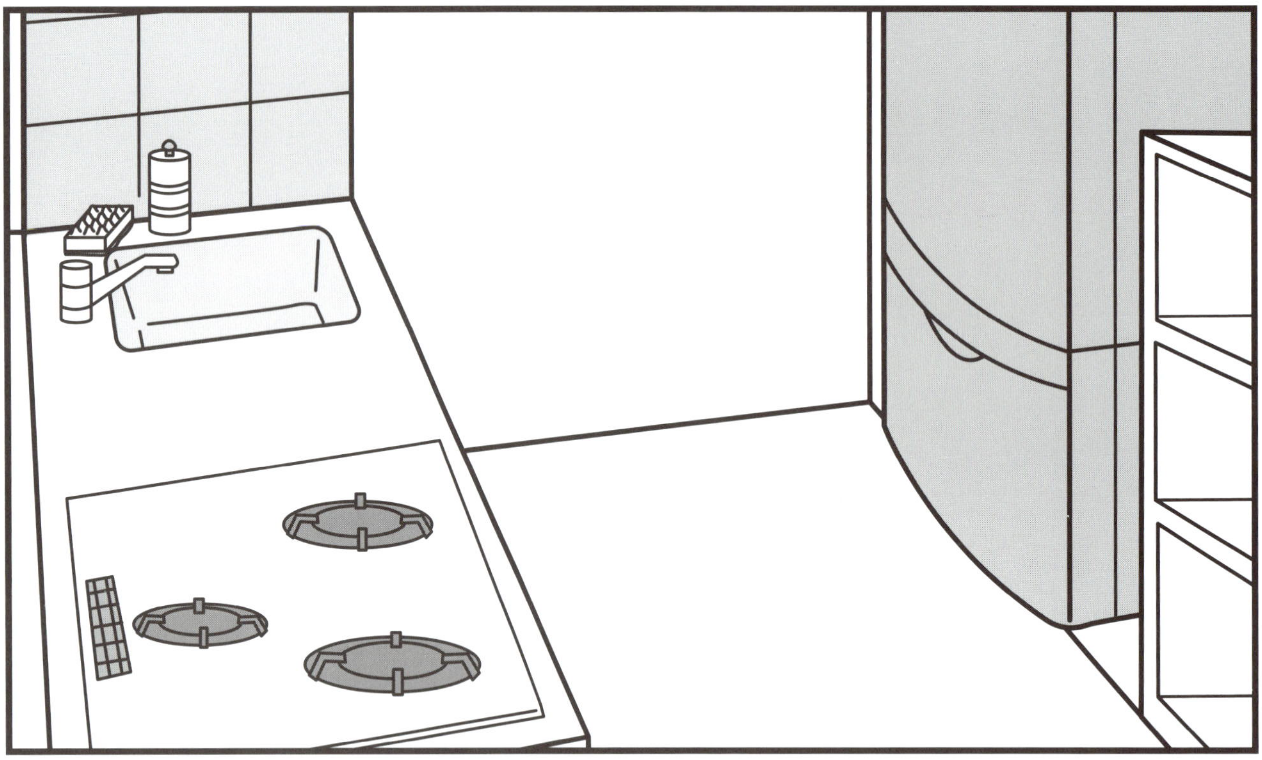

4 生活④（道具）

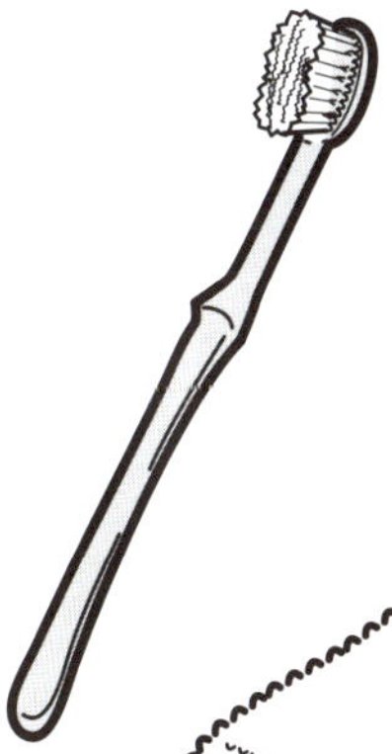

5 生活⑤（生き物、履物、着るもの）

6 生活⑥（知識）

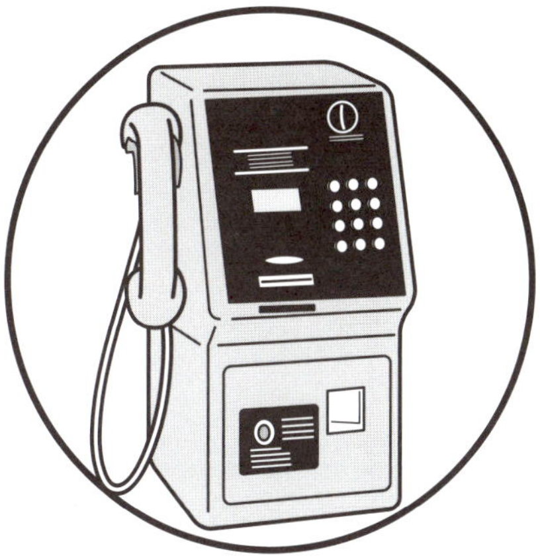

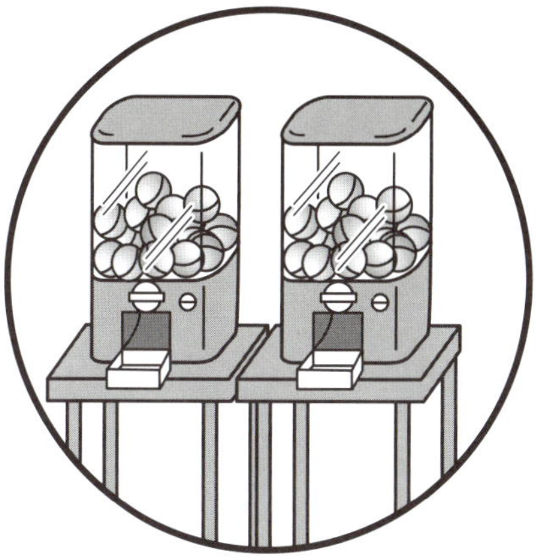

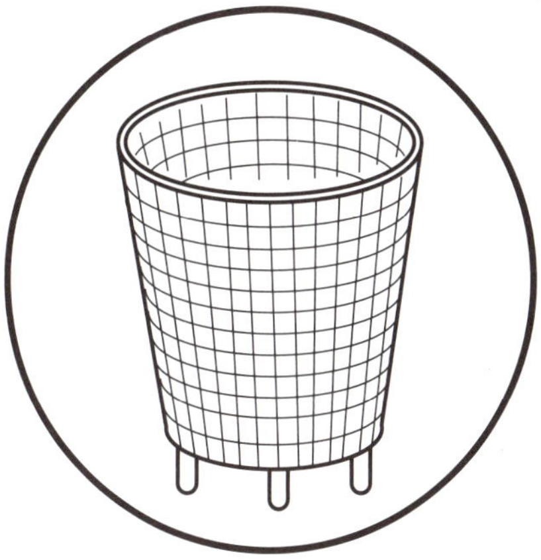

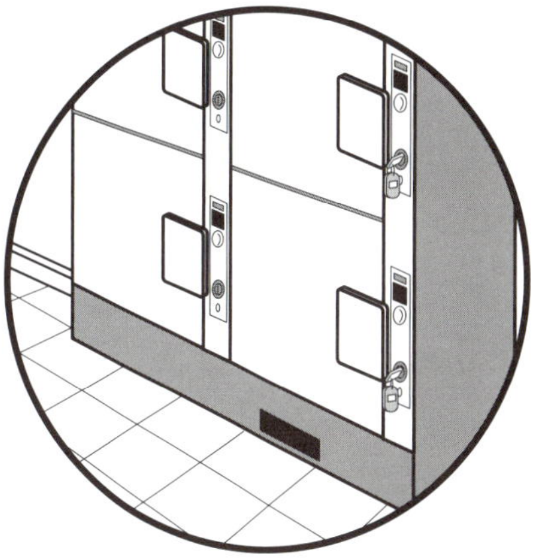

7 生活⑦（用途）

8 生活⑧（食べ物）

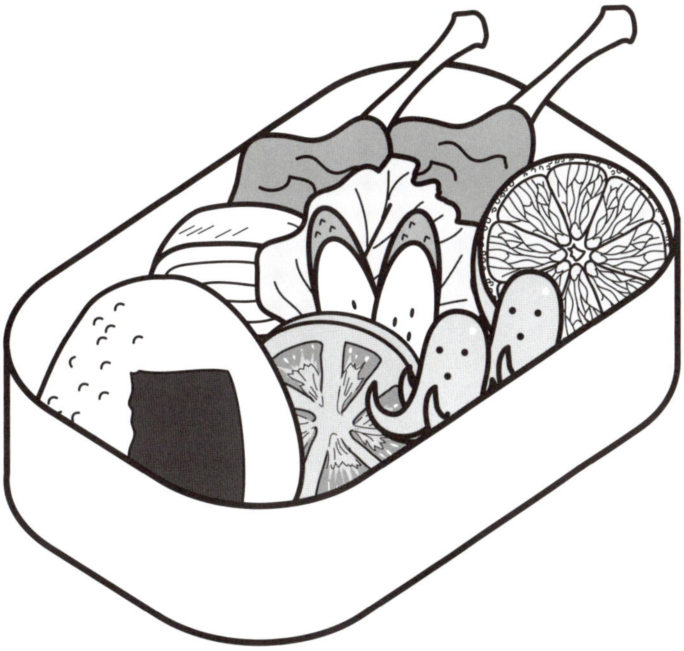

9 生活⑨（乗り物、道具）

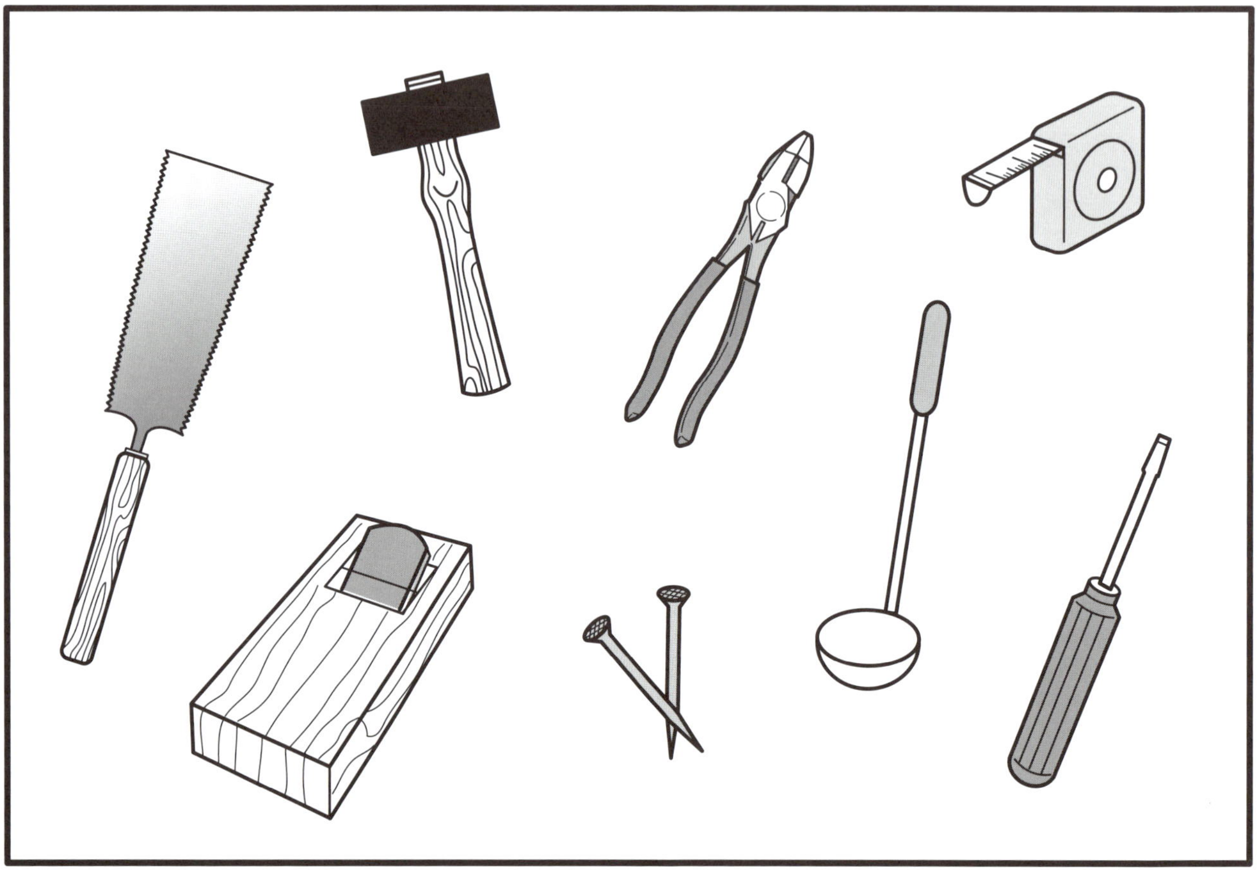

10 同頭語①

11 同頭語②

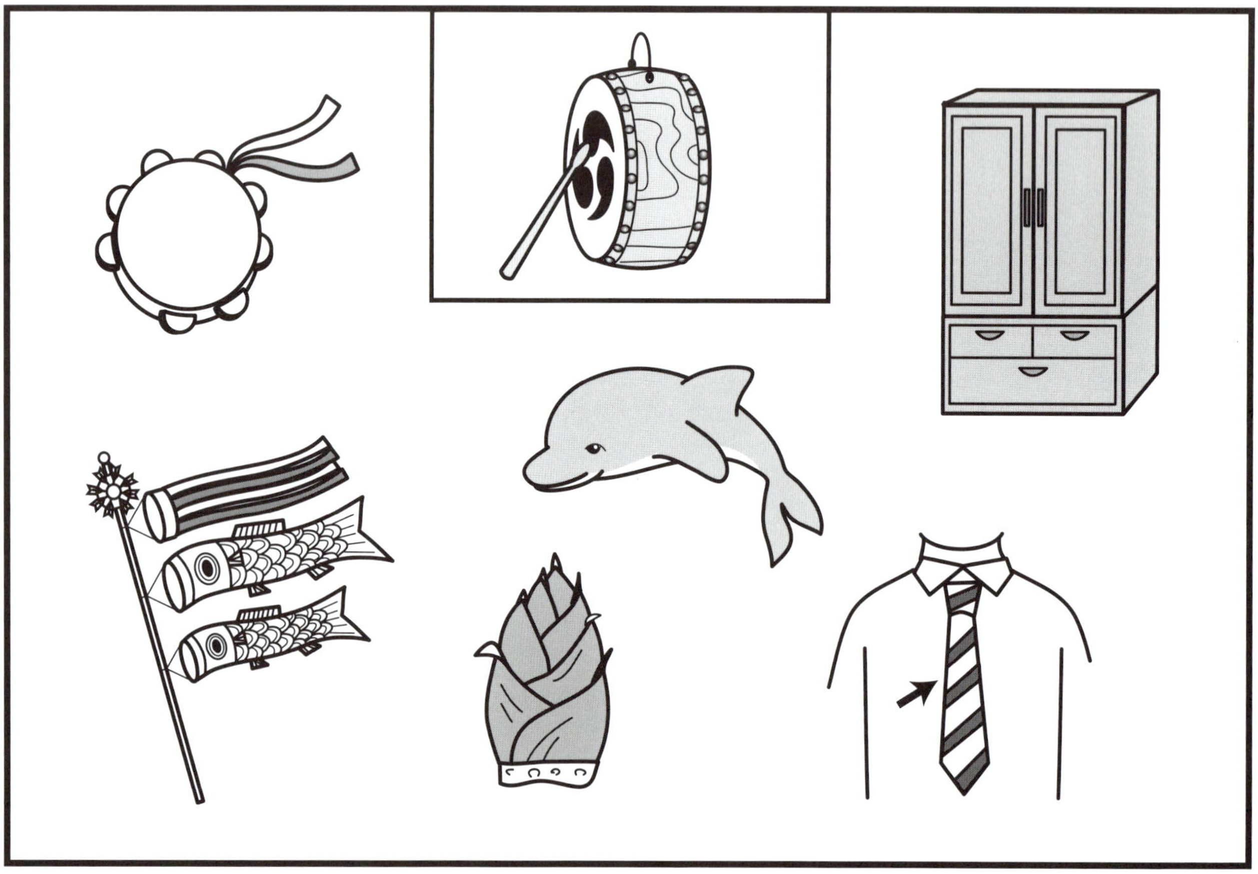

12 同頭語③

できたかな？

問題 NO.1～12 が終わったら、好きなシールを シール マークに貼ってみよう！

Hello
3
シール
シール
4
6
シール
シール
5
11
シール
12
シール

13 同頭語④

14 同尾語①

15 同尾語②

○
内服薬
1日1回2錠
食前 食後
伸芽医院
伸芽駅 行
×

17 同尾語④

18 音の数①

19 音の数②

20 音の数③

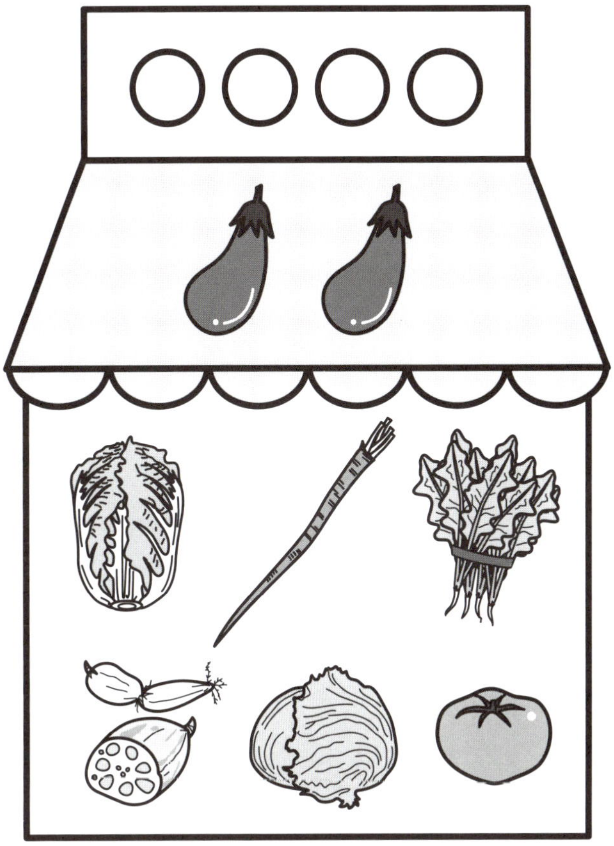

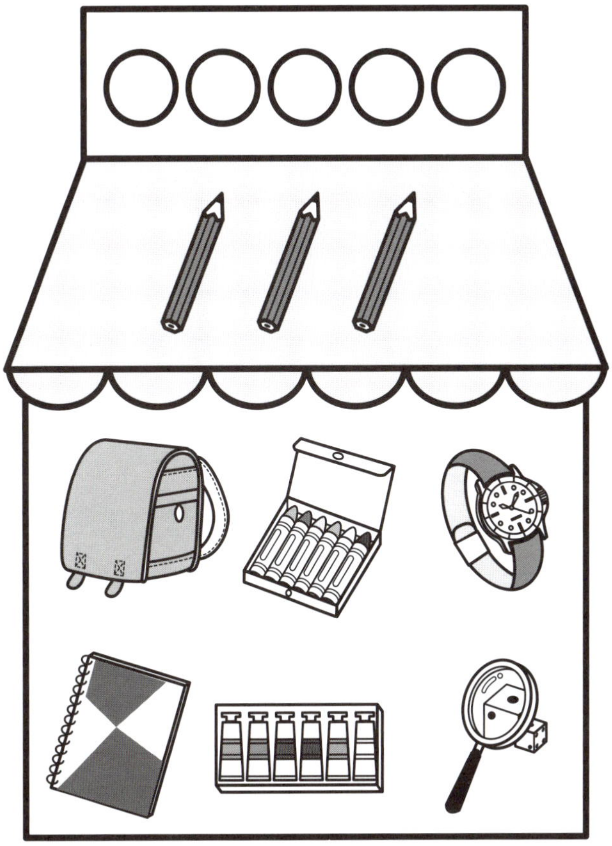

21 しりとり①

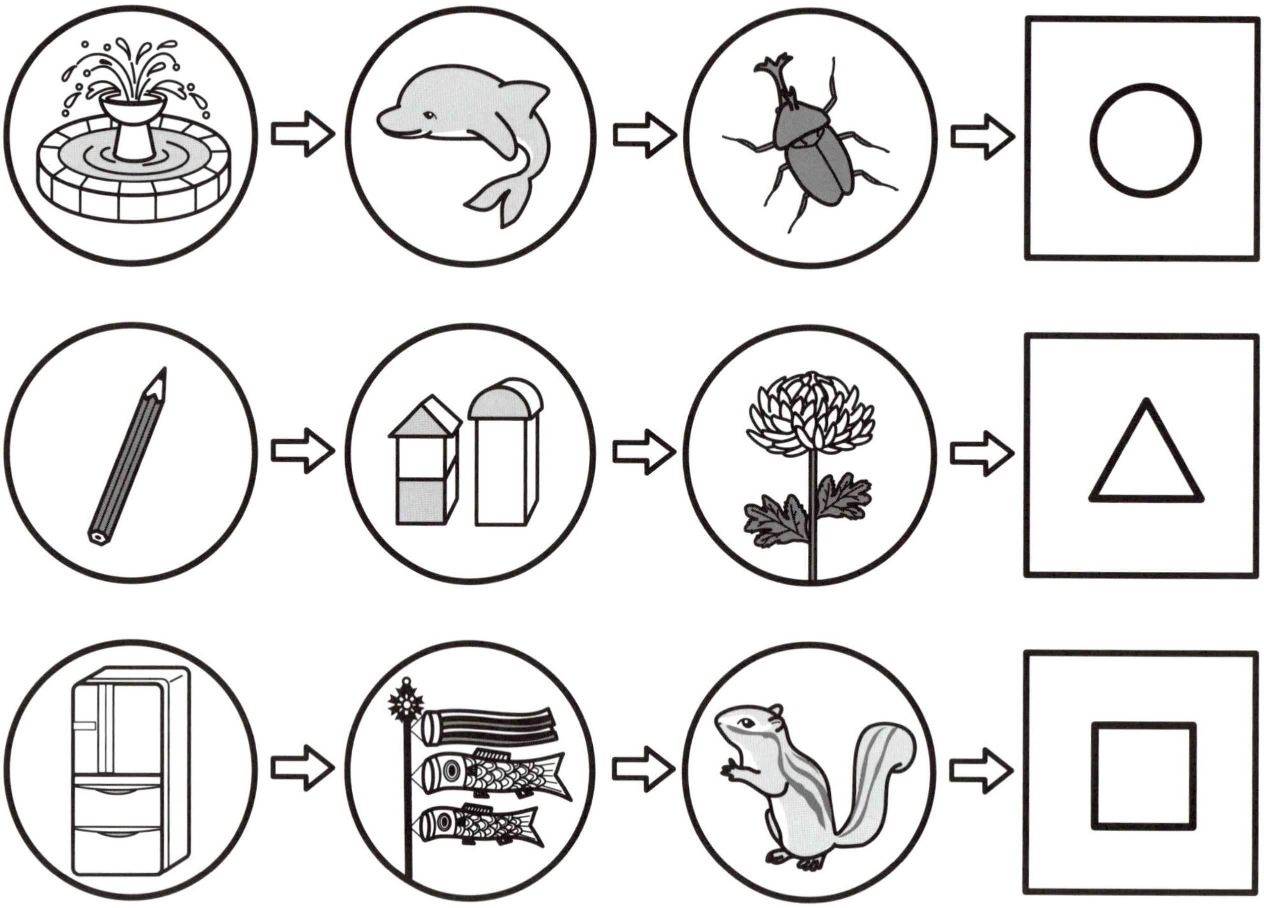

22 しりとり②

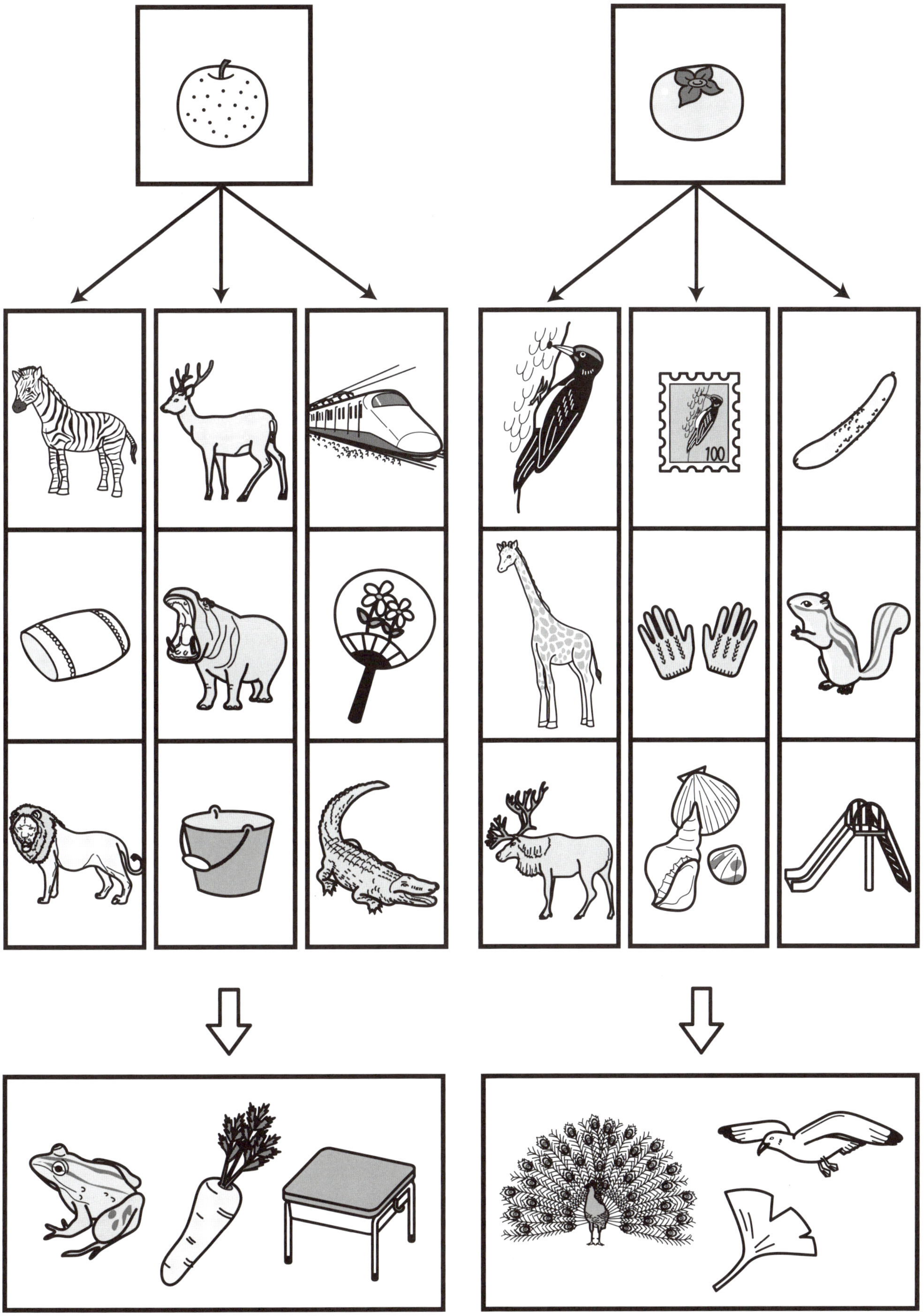

23 しりとり③

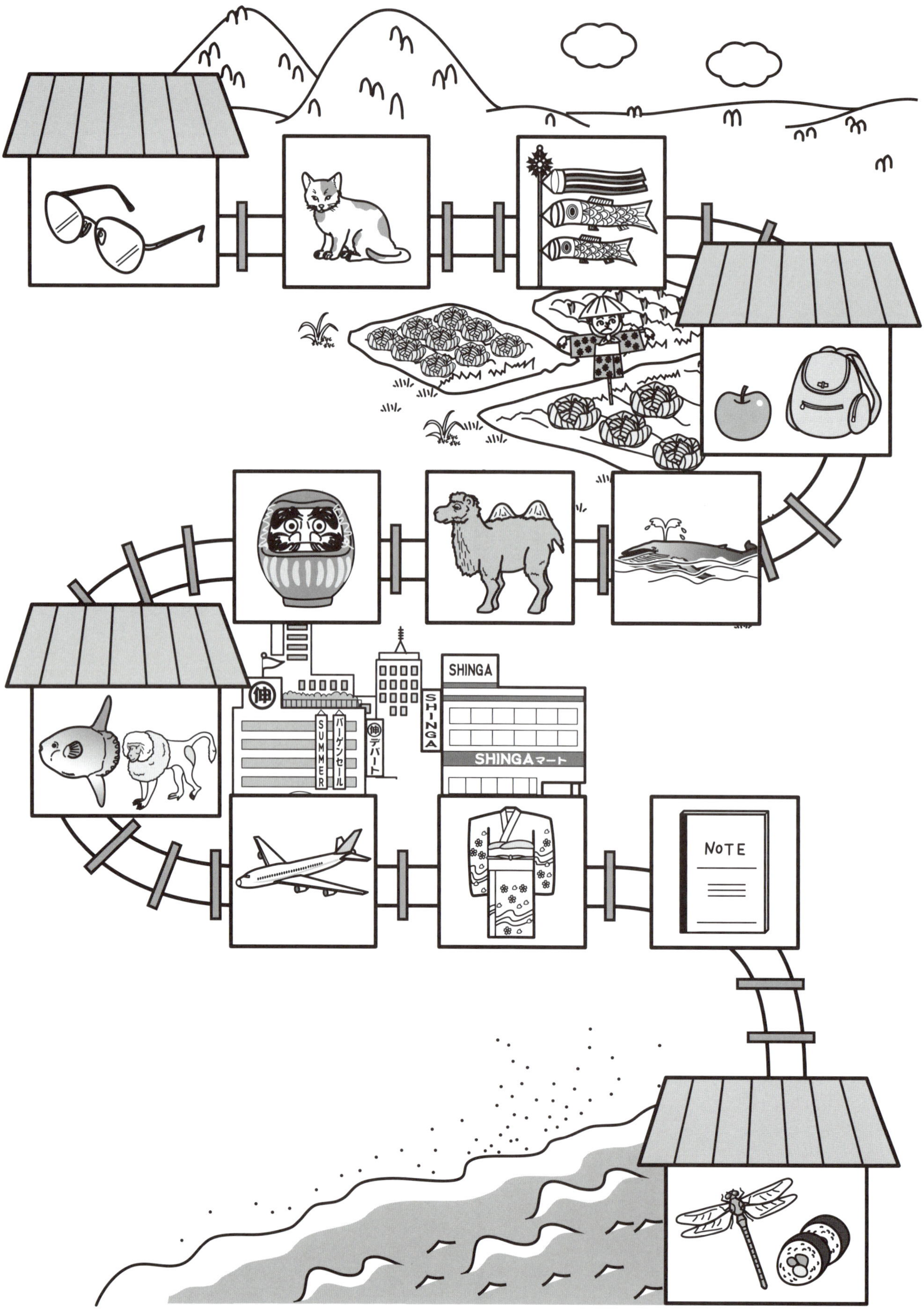

24 しりとり④

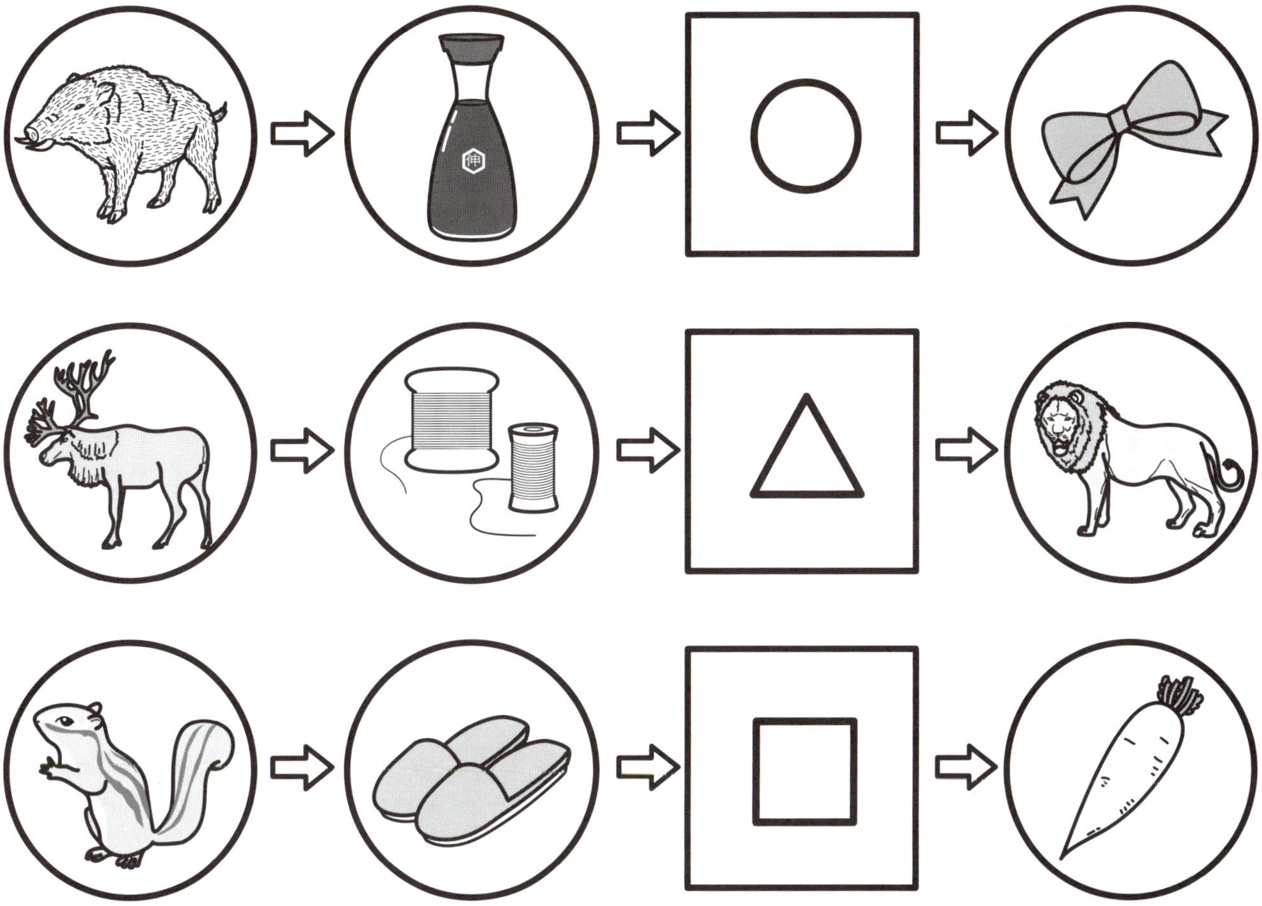

問題NO.13~24が終わったら、好きなシールを ☀《シール》 マークに貼ってみよう！

できたかな？

19
20
シール
シール
シール
21
22
シール
23
シール
シール
24

25 仲間探し①（生活、道具）

26 仲間探し②(生活、道具)

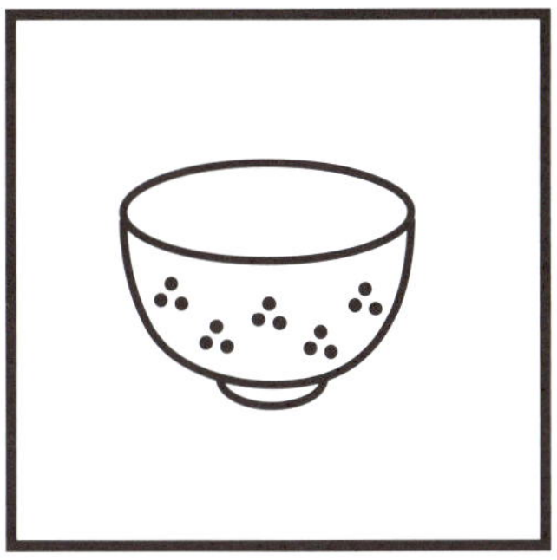

27 仲間探し③（生活、道具）

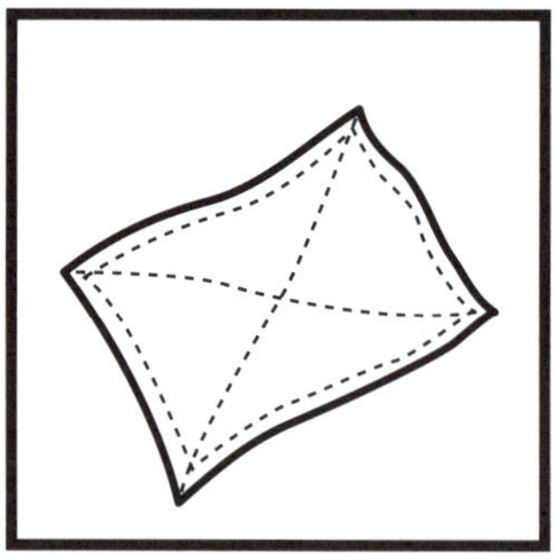

28 仲間探し④（スポーツの道具）

29 仲間探し⑤（生活、道具）

30 植物①（果物）

31 植物②（花）

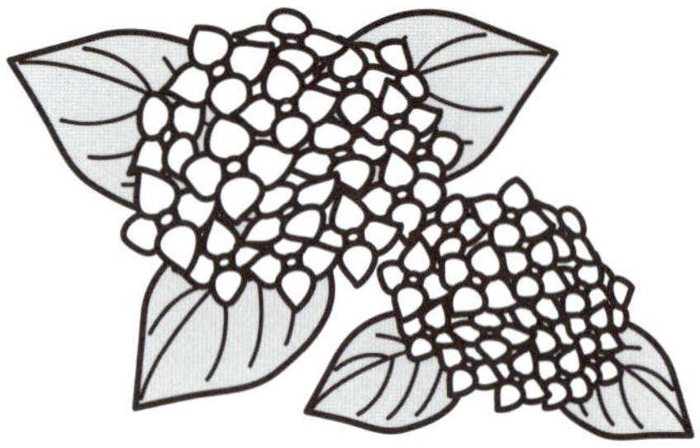

32 植物③（野菜）

33 生き物①

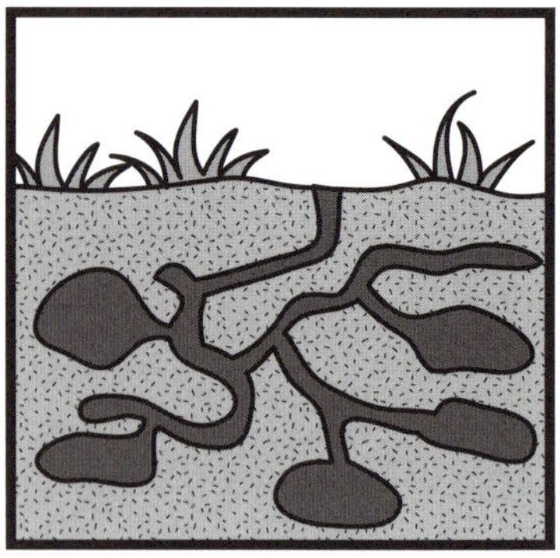

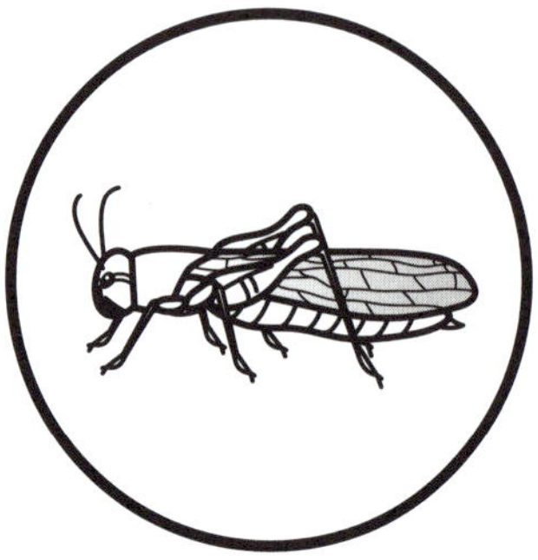

34 生き物②

35 季節①

36 季節②

37 季節③

○

△

38 季節④

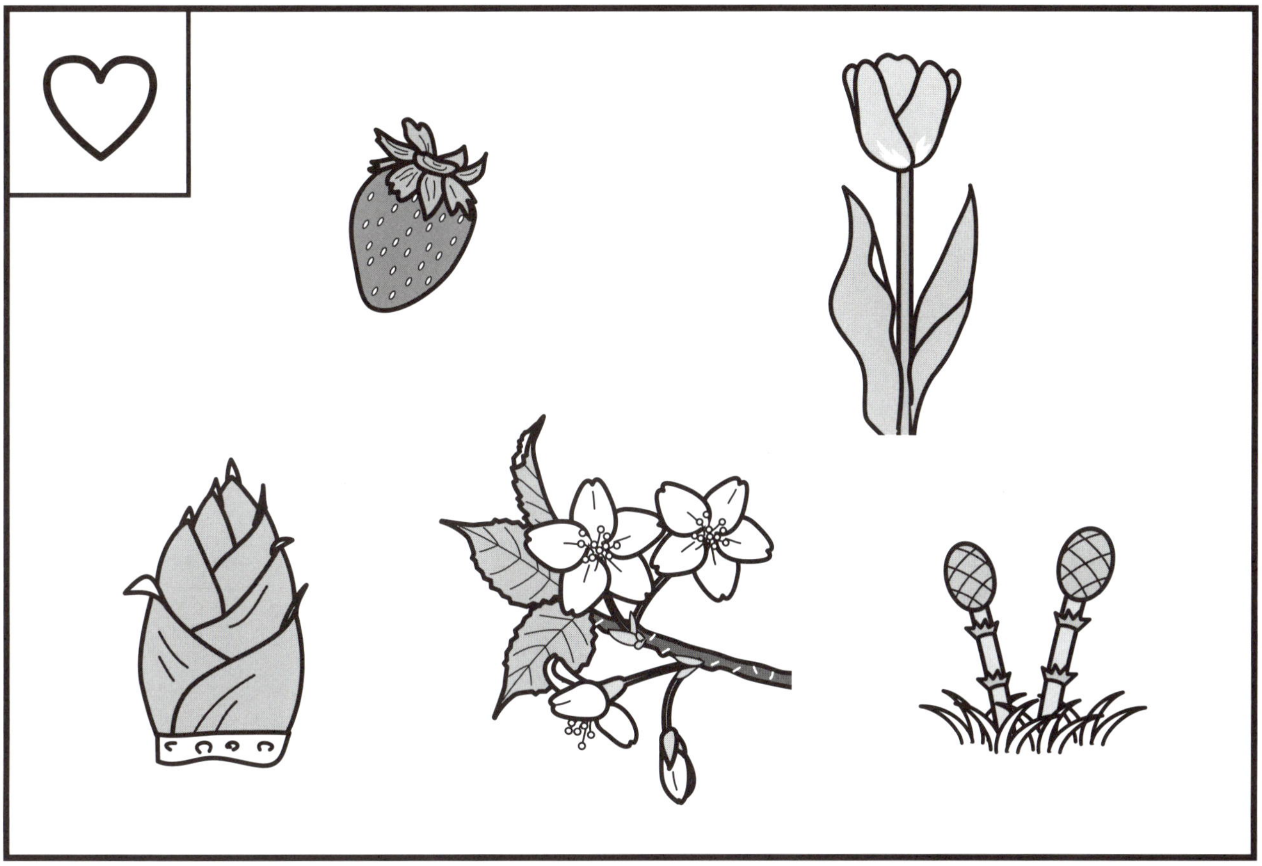

問題 NO.25~38 が終わったら、好きなシールを ☀ マークに貼ってみよう！

できたかな？

32
シール
34
シール
33
シール
35
シール
36
シール
38
シール
シール
37

39 行事①

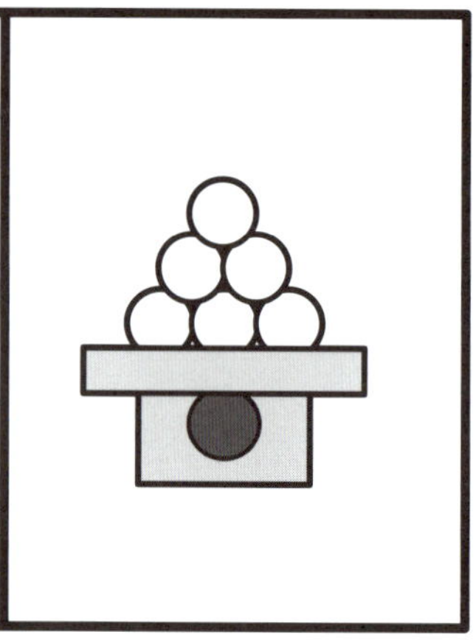

40 行事②

41 行事③

42 行事④

43 昔話①

44 昔話②

45 生活①（しつけ）

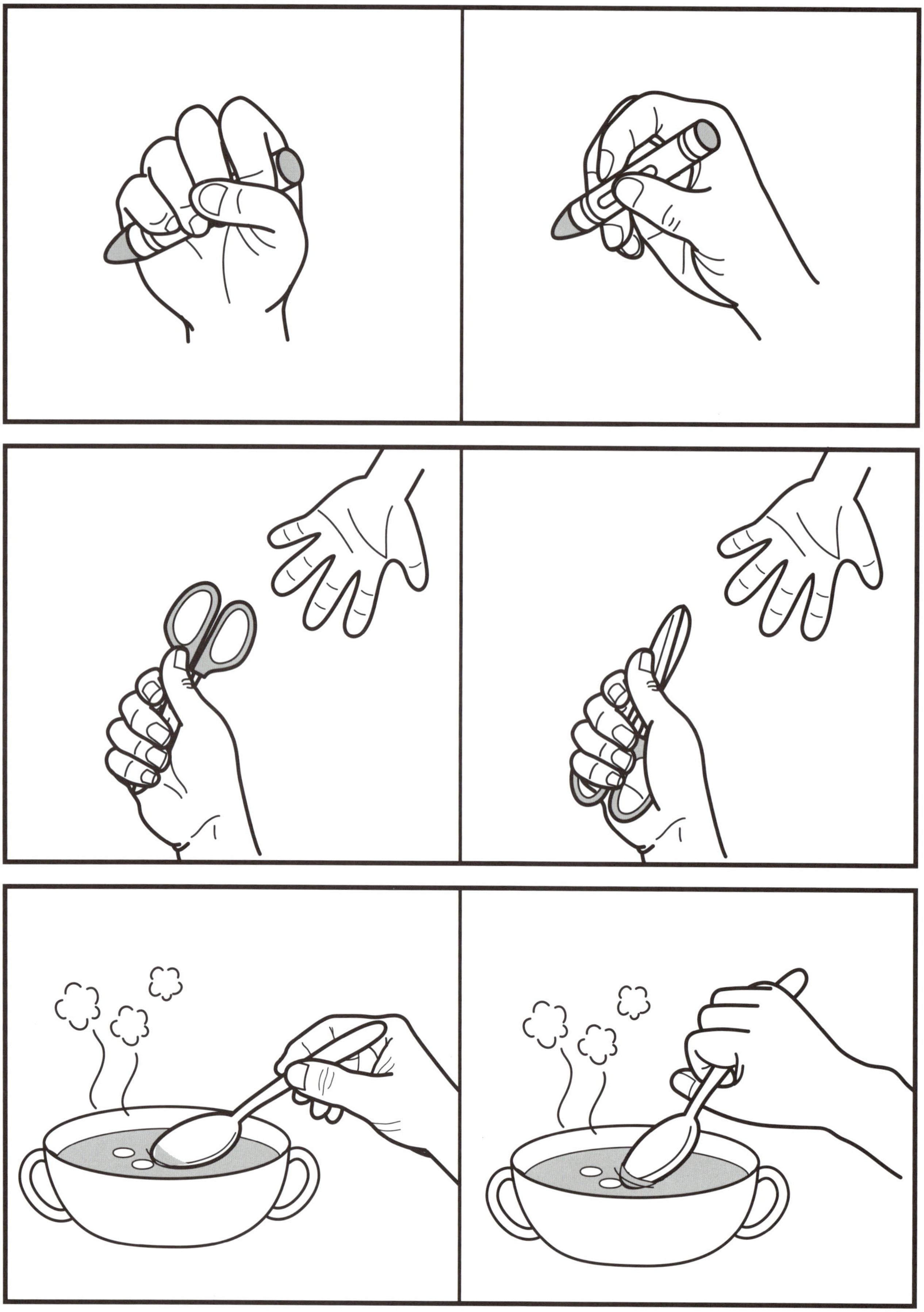

46 生活②（買い物）

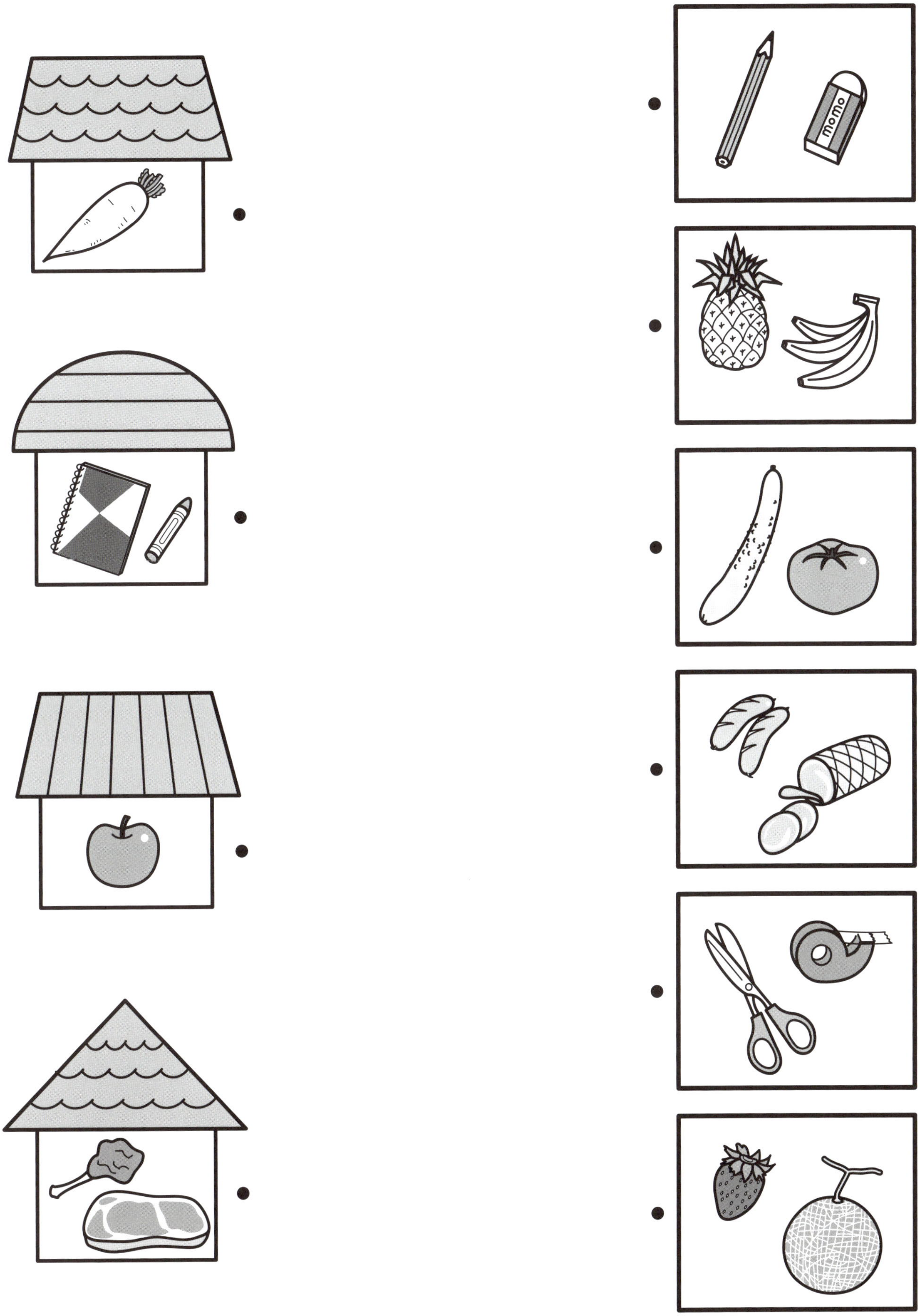

47 生活③（自立）

問題NO.39～42 が終わったら、好きなシールを マークに貼ってみよう！

できたかな？

できたかな？

問題 NO.43~47 が終わったら、好きなシールを シール マークに貼ってみよう！

* ここからは問題&解答例集です。冊子はとじ込んでありますので、
破れないよう矢印の方向へゆっくりと引き抜いてください。

合格力養成シリーズ

ピンポイントアドバイス付き！

問題＆解答例

有名小入試 項目別問題集

ステップナビ A 入門編

言語・常識

Shinga-kai

矢印の方向に引くと別冊の問題＆解答例が外れます →

この本の使い方

準備

・問題と解答例には必ず目を通し、内容を把握しておいてください。
・子ども用の問題は、ミシン線から１枚ずつ切り離すことができます。

用意するもの

鉛筆、クレヨンまたはクーピーペン、ボールペン、カラーペンなど。

実施にあたって

・この問題集は、家庭でも使いやすいように工夫してあり、問題の難易度が３段階で示されています。★が増えるごとに難易度が上がりますので、問題を解く際の目安にしてください。
・答え合わせをした後は、お子さんのために「できたよ！ワクワクシール」を「できたかな？」ページの「シール☀」に貼ってください。
・１日の学習が終わりましたら、問題＆解答例の「習熟度 Check sheet」（21 ページ）に学習の成果を記録しておきましょう。

解答を誤ったときは……

実際の試験での訂正方法は「＝」や「×」など、学校によって違います。本書では「//」を使用することを原則としますが、実際の試験で困らないようさまざまな方法をお試しください。

受験準備が初期の方へ

・実際の入試問題に「慣れる」ということに主眼を置いてください。
・時間を制限せず、全問解けるまでじっくりと取り組んでください。
・お子さんが解けない問題や、効率的でない解き方をしている場合は、そのつどご指導ください。
・１日の実施問題数は、お子さんが「もう少しやってみたい」と思うくらいでやめておき、「やる気」を引き出すように心掛けましょう。

受験準備が進まれている方へ

・項目別の実力テストとしてご使用ください。
・お子さんが解答中のアドバイスは控え、一通り問題を解いた後にご指導ください。
・１日の実施問題数を決め、気分に左右されないで問題が解けるようにしてください。

▶ 入試領域で出題される トップ５

領域	数量・比較	推理・思考	図形・観察力	言語・常識	話の記憶
概要	計数、数の合成、分割、同数・異数発見、比較、積み木、増減	位置、左右弁別、迷路、系列完成、鏡映図、対称・回転図形	構成、同図形・異図形発見、欠所補完、間違い探し、置き換え	しりとり、なぞなぞ、一般常識、道徳、昔話、季節の行事、自然	短文、長文、話の理解、順番

小学校受験で多く出題される問題領域は、大きく分けて「数量・比較」「推理・思考」「図形・観察力」「言語・常識」「話の記憶」です。本シリーズは、ペーパーテストの代表的な領域の典型的な問題を入門編、基礎編、応用編、実践編に網羅しています。どの学校のペーパーテストにも共通する基本問題から複合的な実践問題まで、お子さんの習熟レベルに合わせ、くり返し学習することで実力をつけることができます。また、同じテーマの問題がいろいろな形で収録されていますので、問題のつまずき箇所の発見、苦手分野の克服にも最適です。この「項目別問題集ステップナビ」の対象年齢は５～６歳ですが、入門編は３歳からスタートできますのでぜひ活用してみてください。

マリ先生の「合格力養成講座」

言語・常識の効果的な家庭学習法

身の回りのものに関心を持たせましょう

Q　しりとりが苦手です。得意になるにはどうすればよいでしょうか？

言葉遊びのしりとりと入試問題のしりとりでは、できない原因が異なります。家族やお友達と言葉遊びとして口頭でしりとりをしたときに、なかなか答えが思いつかないようでしたら、語彙が少ないことが原因と考えられます。いろいろなものの名前や言葉を思い浮かべられるよう、入浴中やバスの待ち時間など、普段の生活の中でも機会を見つけて言葉遊びをしてみてください。ペーパー問題のしりとりが苦手であれば、語彙の少なさに加え、絵の判断ができていないというケースもよくあります。この問題集のしりとり以外のページでも、描かれているものは何かたずねるなど、絵の判断ができているかどうか確かめておきましょう。

Q　反対言葉や様子を表す言葉の意味が、なかなかつかめないのですが……。

子どもは大人とは違い、問題の意図がすぐにはわからないものです。そうした子どもならではの感じ方も、独特の感性ととらえることができます。しかし反対言葉や様子を表す言葉の問題は、小学校からの国語力につながる、豊かな表現力のベースが身についているかどうかを判断する材料でもあります。絵本をたくさん読み聞かせるなどして、擬音語・擬声語・擬態語の語感の面白さに気づかせてあげましょう。また、問題集に取り組むときは、「これは何をしているところかな？」などのようにたずね、説明させて絵について考える余裕を持たせるようにすると、言語力が育ちます。クイズのように、考えることを楽しめるようになるとさらに効果的です。

常識の問題には親子関係が表れます

Q　動物や虫には詳しいのですが、花は覚えません。

好きなものは言われなくてもよく見ており、自発的にいろいろな知識を吸収していくのは、大人も子どもも同じです。しかし、子どもの興味の方向を広げてあげたり、より深く調べるきっかけをつくってあげたりするのは親の役目です。「お母さんは赤い花が好き」「豆の花って知ってる？」など、母の日のカーネーションや誕生日、食材などを利用して、花の名前や植物の実がなるまでの様子などを考える機会を設けるようにしてください。言葉で説明されるだけよりも、親と一緒に図鑑で調べたり、お花屋さんをのぞいたりする体験のほうがインパクトが強く、自然に覚えることができます。

Q　どこまでが幼児が知るべき常識でしょうか？

小学校入試で出題される常識は、ほとんどが日常の生活から得られる知識です。動物、植物、季節、行事、昔話などの項目は、子ども自身が見たりふれたりするものをベースにして、どのようなものを身につけたかを問うものが主体です。知識だけではなく、それ自体が子ども自身の生活を豊かにするものだったり、社会生活を送るうえで大事な習慣だったりします。親が子どもの成長や幸せを願う行事、健康や安全に関すること、日常の道具の使い方まで、さまざまな場面における育児の姿勢が問われます。単に知識を与えるのではなく、親が正面から子どもと向き合っている時間が濃いほど、常識豊かなお子さんに育ちます。この問題集に掲載されているすべての問題を、お子さんが知っておいてもよいことと考え、何が伝わっていないかを知るきっかけにしていただければと思います。

1 生活①（花、果物、野菜）　★

・上の段です。描いてあるものの中から、お花を探して名前を言いましょう。秋によく食べたり、お店で見かけたりする果物の名前も言いましょう。
・下の段です。野菜の絵が描いてあります。自分が食べたことがある野菜の名前を言いましょう。好きな野菜も言いましょう。

※上の段の1問目はアサガオ、コスモス、キク、ヒヤシンス、ヒマワリ、ナノハナ。2問目はブドウ、クリ、ナシ。下の段は解答省略

正解力 Tips　いくつか名前を言えましたか。身近にあるものから、ふれたりにおいをかいだりするなど体験を重ね、知識を増やしましょう。

2 生活②（道具）　★

・下の四角の中に描いてあるものの名前を言いましょう。この中で机の上や引き出しの中にあるものはどれですか。指でさしましょう。

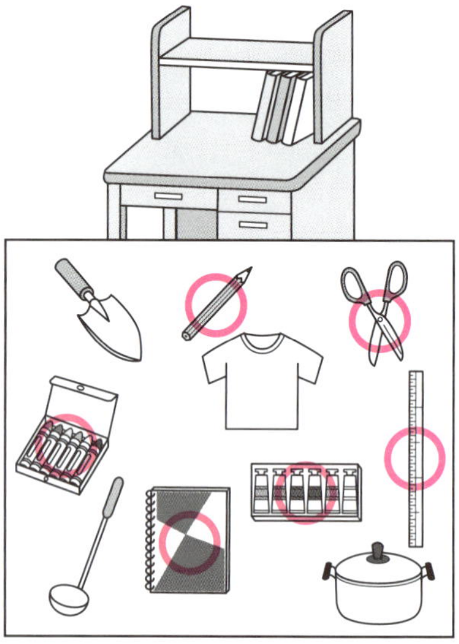

※1問目はシャベル、鉛筆、Tシャツ、はさみ、クレヨン、お玉、スケッチブック、絵の具、定規、鍋。2問目は○で表示

正解力 Tips　お子さんの身の回りにはどのようなものがありますか。名前や使い方も言えるようにしておきましょう。

3 生活③（道具）　★★

・下に描いてあるものの中で、上の絵の場所にあるものはどれですか。指でさして名前を言いましょう。それはどのように使うものかも言いましょう。

※1問目は○で表示、名前は鍋、お玉、フライパン、包丁、まな板。2問目は解答省略

正解力 Tips　道具にはそれぞれ用途があり、あるべき場所も決まっています。台所用品でよく目にするものの名前は覚えておきましょう。

4　生活④（道具）　★★

・下に描いてあるものの中で、上の絵の場所にあるものはどれですか。指でさして名前を言いましょう。それは何をするときに使うものかも言いましょう。

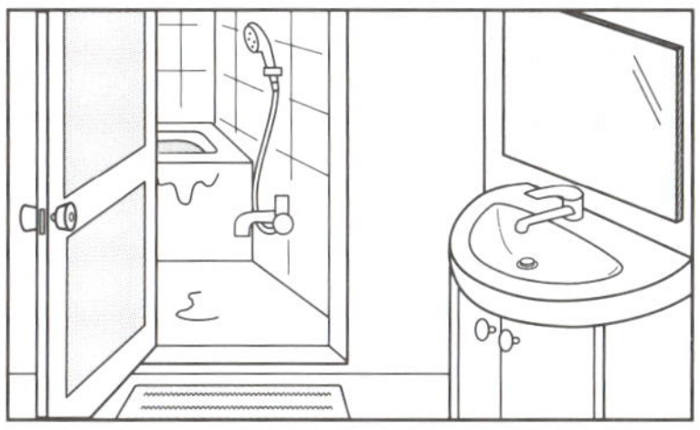

※１問目は○で表示、名称は石けん、歯ブラシ、コップ、タオル、シャンプー、手桶。２問目は解答省略

正解力 Tips　お風呂場にあるものは、普段使っていても名前がわからないことがあります。名前や用途をしっかり言えるようにしましょう。

5　生活⑤（生き物、履物、着るもの）　★★

・１段目です。鳥の仲間がいます。順番に名前を言いましょう。鳴き声のわかる鳥は鳴き声もまねしてみましょう。
・２段目です。虫の仲間がいます。順番に名前を言いましょう。夏によく見かける虫の名前も言いましょう。
・３段目です。いろいろな履物があります。順番に名前を言いましょう。この中で外で履くものはどれですか。名前を言いましょう。
・４段目です。いろいろな着るものがあります。順番に名前を言いましょう。この中ではくものはどれですか。名前を言いましょう。

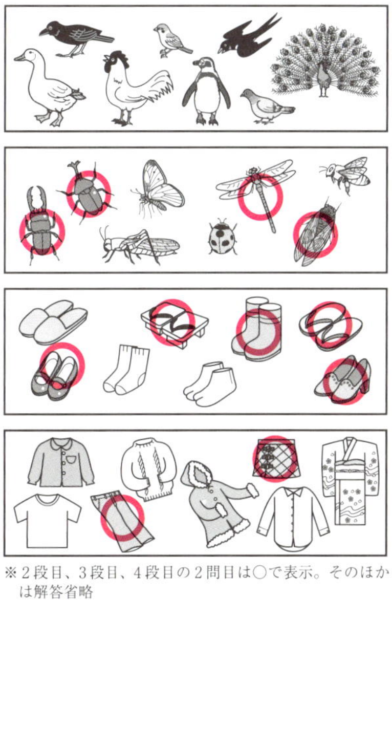

※２段目、３段目、４段目の２問目は○で表示。そのほかは解答省略

正解力 Tips　日常生活で目にする生き物、お子さんが自分で身につけるものなど、興味の対象を増やしてあげられるようにしましょう。

6　生活⑥（知識）　★★

・丸の中に描いてあるものの中で、お金を入れると使うことができるものはどれですか。指でさして名前を言いましょう。

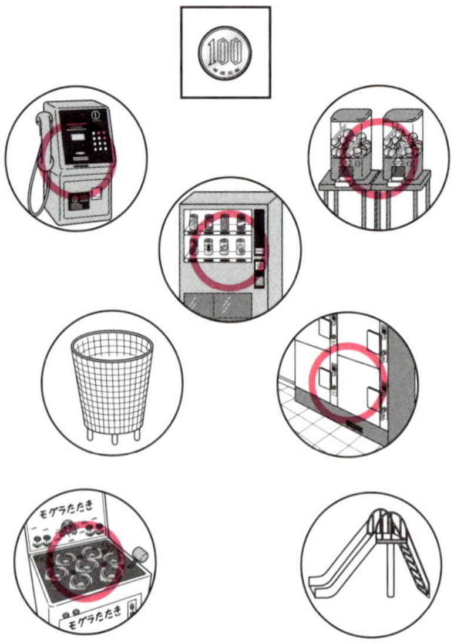

※名前は公衆電話、自動販売機、カプセルトイ、コインロッカー、ゲーム

正解力 Tips　活動範囲が広がってくると、外で目にするものにも関心が出てきます。外出は興味を広げる絶好の機会ととらえましょう。

7　生活⑦（用途）　★★

・左の絵はどのような場所ですか、お話ししてください。では、その場所で履くものはどれですか。右から選んで名前を言いましょう。

※１問目は解答省略。２問目は〇で表示、名前は解答省略

正解力 Tips　家族とのレジャーで、さらにお子さんの世界は広がります。楽しい体験を通して、なぜその履物が適切か考えさせてください。

8　生活⑧（食べ物）　★★★

・下の四角の中に描いてあるものの名前を言いましょう。ここにあるものを使って上のお弁当を作りました。何がどこに入っているか、お弁当の中から探して指でさしましょう。

※解答省略

正解力 Tips　お弁当の食材について、お子さんの知識を確かめてみましょう。食べ物への関心が広がるよう、会話しながら食事をしましょう。

9 生活⑨（乗り物、道具）　★★★

・上の段です。「大勢の人を乗せて道路を走ります」。このお話に合うものを選んで名前を言いましょう。そのほかの乗り物の名前も言いましょう。
・下の段です。「家をつくるときに使います」。このお話に合うものを選んで名前を言いましょう。そのほかの道具の名前も言いましょう。

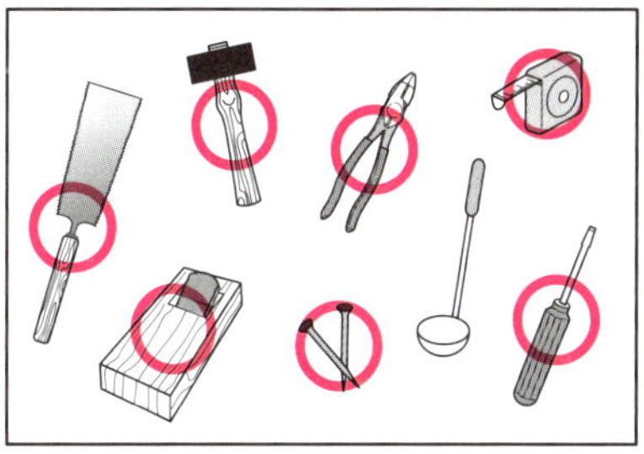

※１問目は○で表示、名前は解答省略

正解力 Tips　言葉や知識は、周囲の大人との会話を通して身につきます。家庭でも外出時でもお子さんへの言葉掛けを多くしましょう。

10 同頭語①　★

・上の段です。四角の中の「アヒル」のように「ア」の音で始まるものに○をつけましょう。
・下の段です。四角の中の「カモメ」のように「カ」の音で始まるものに○をつけましょう。

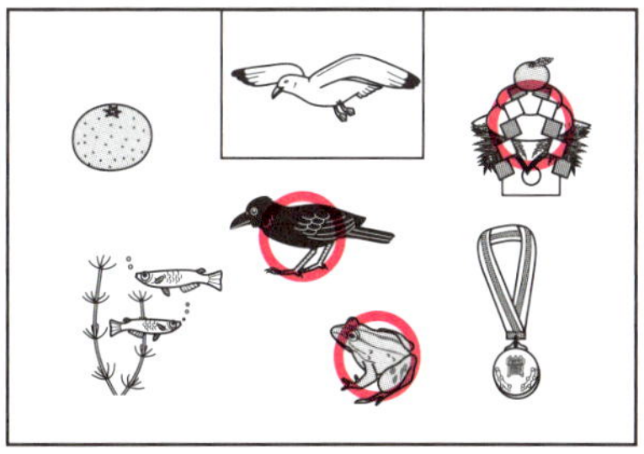

正解力 Tips　描いてあるものがわかることが大事です。「はじめの音」や「おしまいの音」などの共通性を考える言葉遊びを楽しみましょう。

11 同頭語②

★

・上の段です。四角の中の「サクランボ」のように「サ」の音で始まるものに○をつけましょう。

・下の段です。四角の中の「タイコ」のように「タ」の音で始まるものに○をつけましょう。

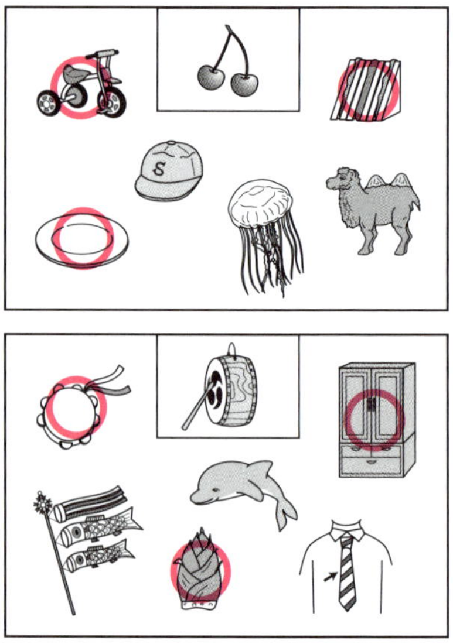

正解力 Tips　「おさら」ではなく「さら」というものであること、また、楽器などもしっかり正しい名前が言えるようにしましょう。

12 同頭語③

★

・左上の丸の中の「イノシシ」のように「イ」の音で始まるものには○、右下の四角の中の「キンギョ」のように「キ」の音で始まるものには□をつけましょう。

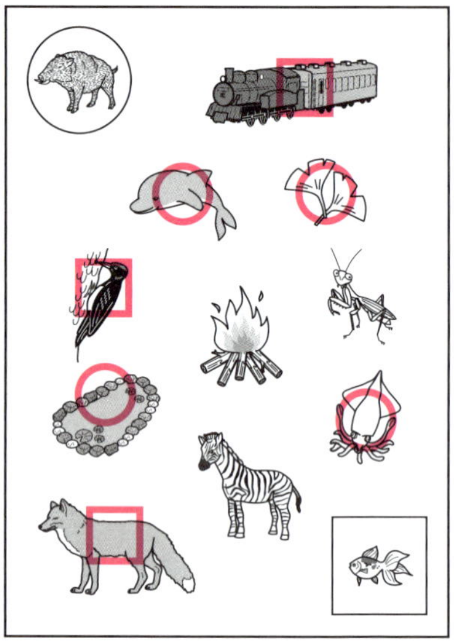

正解力 Tips　見落としなく一つひとつの名前が言えることが大切です。また、印のかき分けもできるようにしましょう。

13 同頭語④

★

・左上の丸の中の「ツクシ」のように「ツ」の音で始まるものには○、右下の四角の中の「コイノボリ」のように「コ」の音で始まるものには□をつけましょう。

正解力 Tips　お子さんが、○と□のお手本を見てしっかり指示を聞け分けているか、描かれているものを理解しているか、確かめてください。

14 同尾語①　★

・上の段です。二重丸の中の「イカ」のように「カ」の音で終わるものに○をつけましょう。

・下の段です。二重丸の中の「ユリ」のように「リ」の音で終わるものに○をつけましょう。

正解力 Tips　おしまいの音は、文字を知らない子どもには意外に難しいもの。「キリン」など「ン」で終わる言葉は要注意です。

15 同尾語②　★

・上の段です。二重丸の中の「ハタキ」のように「キ」の音で終わるものに○をつけましょう。

・下の段です。二重丸の中の「ネコ」のように「コ」の音で終わるものに○をつけましょう。

正解力 Tips　描かれているもの全部の名前を言えるようにしましょう。○をつけたら、ほかにもないかどうか確かめる習慣もつけましょう。

16 同尾語③　★★

・左上の「クマ」のように「マ」の音で終わるものに○、左下の「イス」のように「ス」の音で終わるものに×をつけましょう。

正解力 Tips　○と×、2つの指示があると、答えがわかっていても間違えがちです。整理して解答できるよう練習しましょう。

17 同尾語④

★★★

・左上の「プリン」のように言葉の最後の音だけ「ン」の音で終わるものには○、右下の「タンバリン」のように言葉の途中と最後に「ン」の音がつくものに×をつけましょう。

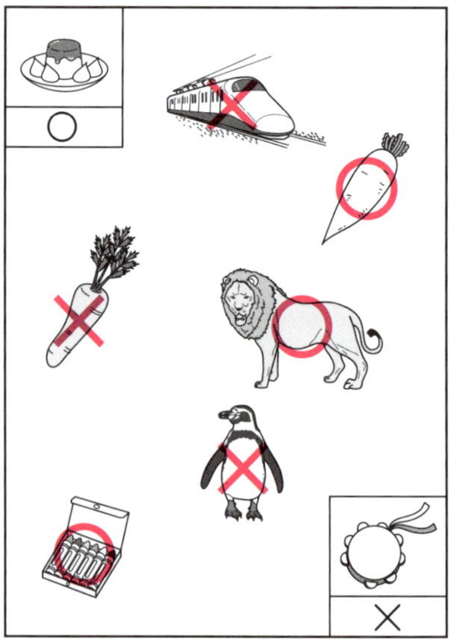

正解力 Tips　おしまいの音が「ン」だとしりとりでは負けることや、1つの言葉の中に、複数の「ン」があることにも気づかせてください。

18 音の数①

★

・上の段です。この中から、名前の音の数が2つのものに○をつけましょう。
・下の段です。この中から、名前の音の数が3つのものに○をつけましょう。

正解力 Tips　最初はお子さんの名前がいくつの音（字）でできているか実感させましょう。音の数だけリズムよく手をたたくのも効果的です。

19 音の数②

★★★

・上の段です。上のお家から下の二重四角まで、お家の中の動物と名前の音の数が同じ生き物を探して線を引きましょう。ただし縦や横には進めますが、斜めに進むことや戻ることはできません。
・下の段です。右のお家から左の二重四角まで、お家の中の果物と名前の音の数が同じものを探して線を引きましょう。ただし縦や横には進めますが、斜めに進むことや戻ることはできません。

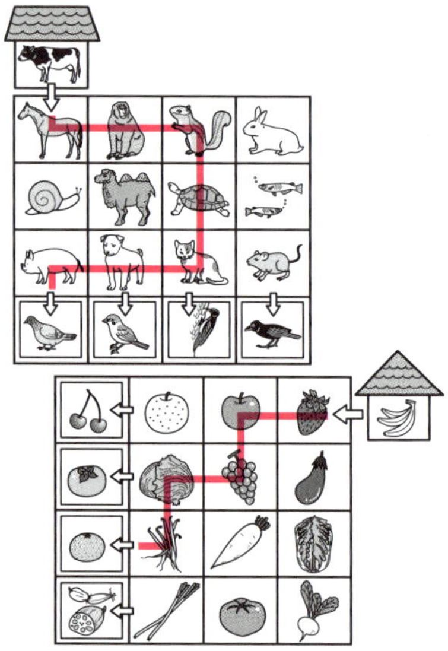

正解力 Tips　音の数だけでなく、進み方が縦、横に限定されています。マスの進み方も覚えましょう。

20 音の数③ ★★★

・お店屋さんの看板にかいてある丸の数と同じ数の音でできている品物を、それぞれのお店屋さんから探して○をつけましょう。答えは屋根に描いてある品物の数だけあります。

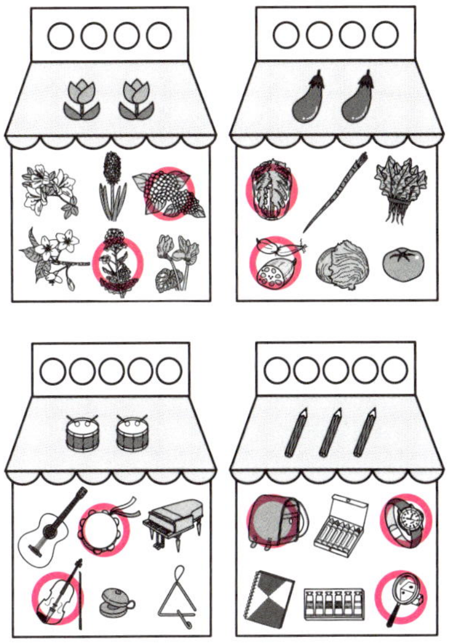

正解力 Tips　見た数と聞いた数が一致しないこともある年ごろです。丸の中におはじきを置くなど、具体物を数える機会を多くしましょう。

21 しりとり① ★

・左から矢印の方向にしりとりをします。右端の四角には何が入ればよいですか。合うものを下から選んで、入ったらよいところの印をつけましょう。

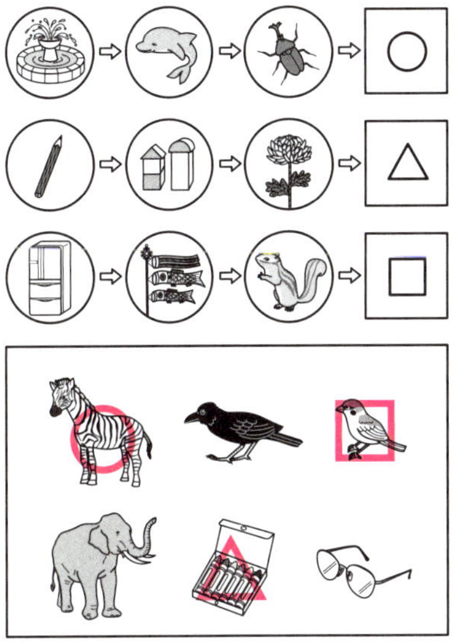

正解力 Tips　同頭語や同尾語から派生した、言葉遊びが「しりとり」です。まずは楽しく取り組めるよう、口頭で言わせてみましょう。

22 しりとり② ★★

・上の四角から下にしりとりをします。3つの列のうち1つの列だけ最後までしりとりでつなぐことができます。では、正しくしりとりができる列を探して、その列の上の矢印に○をつけましょう。そして、一番下の四角から最後につながるものを選んで○をつけましょう。

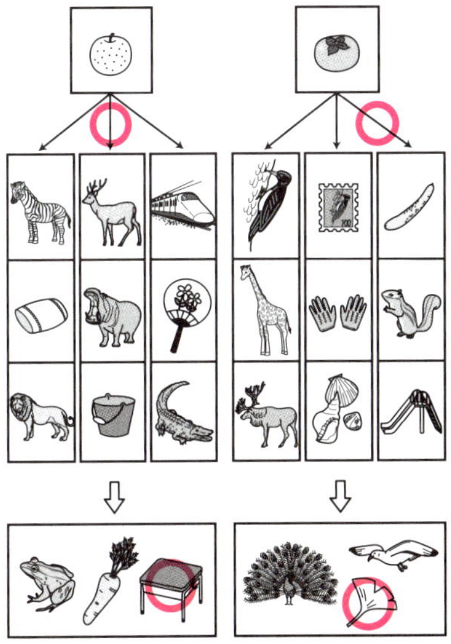

正解力 Tips　正しい列の「矢印」に○をつける、という指示を理解できることがポイントです。少しずつ問題への対応を意識させましょう。

23　しりとり③　★★

・左上の山の駅から右下の海の駅までしりとりをしながら列車が進みます。それぞれの駅ではどちらを選べばしりとりで進むことができますか。正しいほうを選んで○をつけましょう。

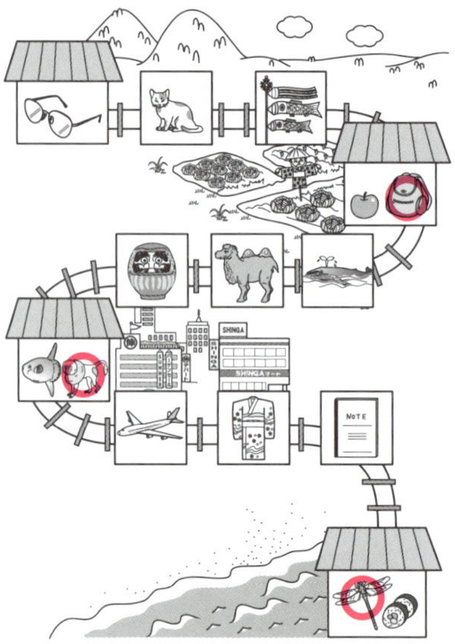

⊕正解力 Tips　大人はゴールから戻ればよいと気づきますが、子どもはしりとりの仕組みがわかったばかり。焦りは禁物です。

24　しりとり④　★★★

・左から矢印の方向にしりとりをします。途中の四角には何が入ればよいですか。合うものを下から選んで、入ったらよいところの印をつけましょう。

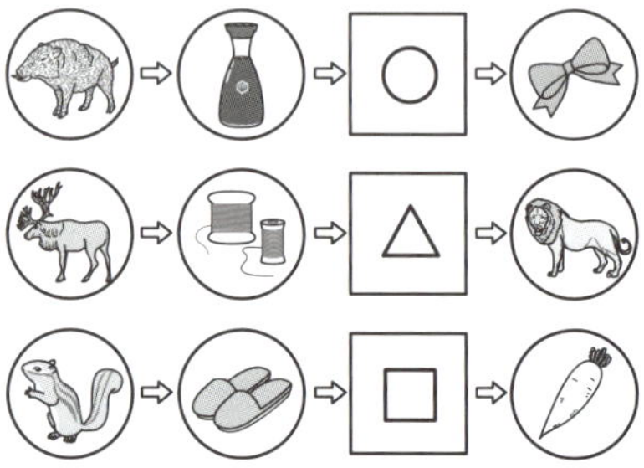

⊕正解力 Tips　言葉の問題でぶつかる壁は、何の絵かわからないということ。苦手なときは、解答する前に絵の名前を確認しても構いません。

25 仲間探し①（生活、道具） ★

・左の四角に描いてあるものと一緒に使うものを右から探して、○をつけましょう。

正解力 Tips　「仲間」の意識は共通性の気づきから。「一緒に使うものはどれとどれ？」と問いかけると、スムーズに反応できるはずです。

26 仲間探し②（生活、道具） ★

・左に描いてあるものと一緒に使うものを右から探して、点と点を線で結びましょう。

正解力 Tips　身の回りにはセットで使うものもたくさんあります。日ごろからそれらの組み合わせに気づかせることが大切です。

27 仲間探し③（生活、道具） ★★

・左に描いてあるものと一緒に使うものを右から探して、点と点を線で結びましょう。

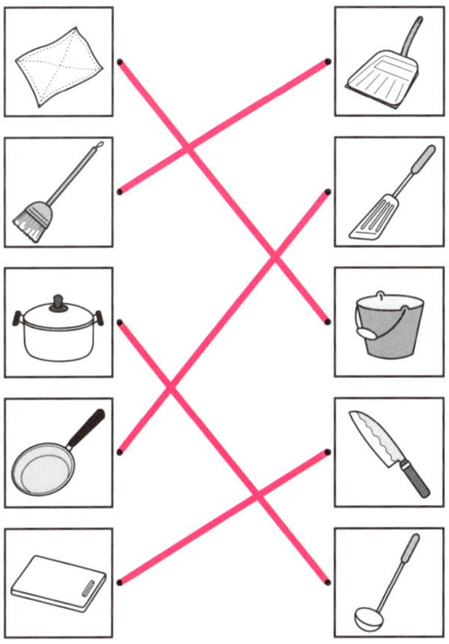

正解力 Tips　お手伝いなどで体験が増えると、そのために使う「もの」に対する意識も高まります。いろいろなことを体験させましょう。

28 仲間探し④（スポーツの道具）　★★★

・左に描いてあるものと一緒に使うものを右から探して、点と点を線で結びましょう。

正解力 Tips　お子さんの体験の幅が広がるにつれ、知識も増えます。上手に扱えなくても、お店などで実物にふれる機会をつくりましょう。

29 仲間探し⑤（生活、道具）　★★★

・それぞれの段には、同じような働きをするものや、同じときに使うものなどが描いてありますが、１つだけ違うものがあります。違うものに○をつけ、どうしてそう思ったのか、理由もお話ししましょう。

※２問目は解答省略

正解力 Tips　「仲間の共通性」の一つが用途です。ものの名前だけでなく、何のために、どのように使うかも言えるようにしてください。

30 植物①（果物）　★★

・下に描いてある果物の中から、木になるものを選んで○をつけましょう。

正解力 Tips　果物を食べながら、「どこで採れるのかな？」「どのように育つのかな？」などと声掛けをし、覚えさせていきましょう。

31 植物②（花）　★★

・上の段です。それぞれのお花の名前を言いましょう。春のお花に○をつけましょう。

・下の段です。それぞれのお花の名前を言いましょう。夏のお花に○をつけましょう。

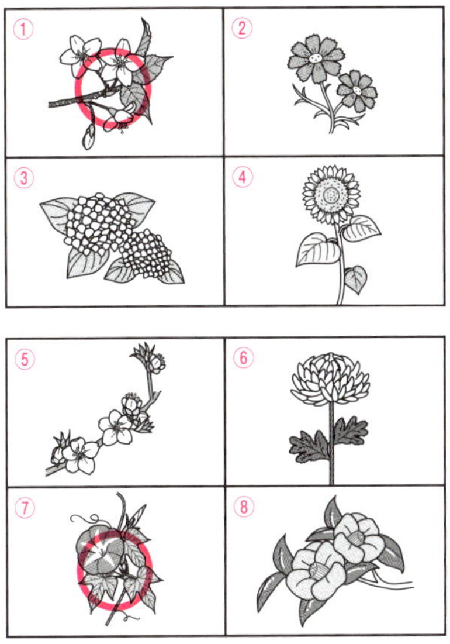

※花の名前は①サクラ、②コスモス、③アジサイ、④ヒマワリ、⑤モモ、⑥キク、⑦アサガオ、⑧ツバキ

正解力 Tips　家庭で花を飾ったり、公園や庭の花の香りに気づかせたりしながら、季節によって咲く花が変わることに興味を持たせましょう。

32 植物③（野菜）　★★★

・下に描いてある野菜の中から、土の中で大きくなるものを選んで○をつけましょう。

正解力 Tips　日常口にする野菜がどこでどのように育つのか、実物にふれたり図鑑で調べたりするなど、関心を広げる働きかけも大事です。

33 生き物①　★★

・左の生き物はどのようなところにすんでいますか。右から選んで点と点を線で結びましょう。

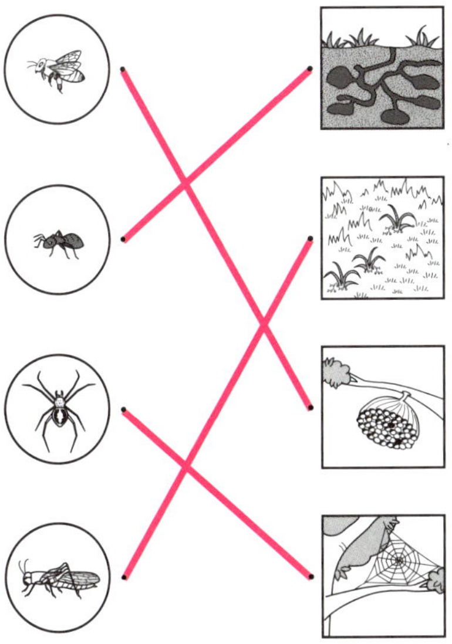

正解力 Tips　体験の差＝知識の差が浮き彫りになる課題です。描かれた虫を見たことがあるか、どこでだったか、知識を整理してみましょう。

34 生き物②

★★★

・いろいろな動物の絵がありますね。この絵の中で、上の丸の中のような、野菜をよく食べる動物はどれですか。○をつけましょう。

・この絵の中で、下の四角の中のような、お肉をよく食べる動物はどれですか。□をつけましょう。

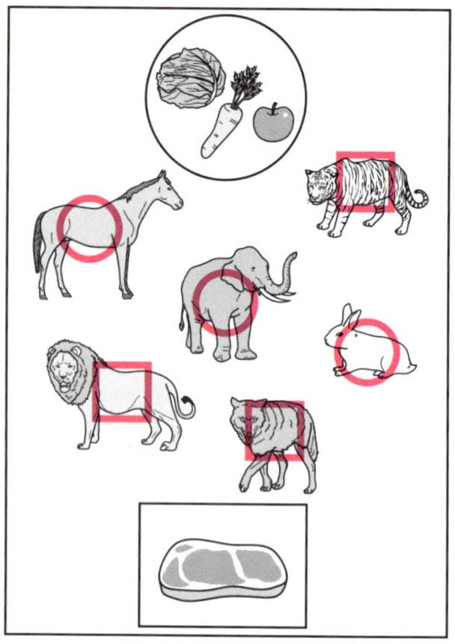

正解力 Tips　興味を持った生き物がどこにすみ、何を食べているのかなど、声掛けをしながら親子で映像や画像を見るのもおすすめです。

35 季節①

★

・上の２人の子どもたちは今から何を持ってお出掛けすると思いますか。持っていくと思うものを下から選んで○をつけましょう。

正解力 Tips　夏にふさわしい水遊びに必要なものを、お子さん自身が用意するなどして、道具の名前を覚えていきましょう。

36 季節②

★★

・外は雪が降っています。女の子はどのような格好をして外にお出掛けすると思いますか。身につけたらよいと思うものを、女の子の絵のすぐ下から選んで○をつけましょう。

・寒い日にお部屋にあるもの、あるとよいと思うものを一番下から選んで○をつけましょう。

正解力 Tips　暑い季節と寒い季節の違いは認識しやすいと思います。季節の変化や生活道具、衣類などの変化にも気づかせていきましょう。

37 季節③ ★★

・丸の印の四角の中に描いてあるものの名前を、指でさして言いましょう。これはいつの季節の仲よしですか。言いましょう。
・三角の印の四角の中に描いてあるものの名前を、指でさして言いましょう。これはいつの季節の仲よしですか。言いましょう。

※丸の印の１問目は①スイカ、②アサガオ、③扇風機、④ヒマワリ、⑤かき氷、２問目は夏。三角の印の１問目は①ミカン、②雪ダルマ、③おせち料理、④ツバキ、⑤シクラメン、２問目は冬

正解力 Tips　季節を祝う行事や、旬の食べ物などをしっかり意識させられるよう環境を整え、印象に残る過ごし方を工夫してみてください。

38 季節④ ★★

・ハートの印の四角の中に描いてあるものの名前を、指でさして言いましょう。これはいつの季節の仲よしですか。言いましょう。
・星の印の四角の中に描いてあるものの名前を、指でさして言いましょう。これはいつの季節の仲よしですか。言いましょう。

※ハートの印の１問目は①イチゴ、②チューリップ、③タケノコ、④サクラ、⑤ツクシ、２問目は春。星の印の１問目は①クリ、②キク、③カキ、④ブドウ、⑤ドングリ、２問目は秋

正解力 Tips　春と秋は、花や野菜、果物などが豊富な季節です。実際に見たり食べたりすることで、知識が整理されていきます。

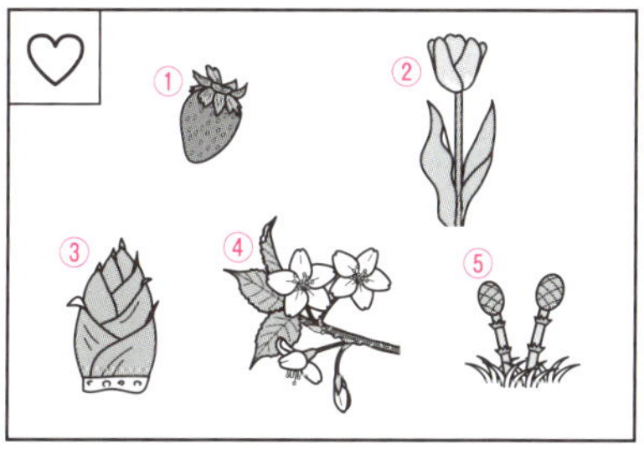

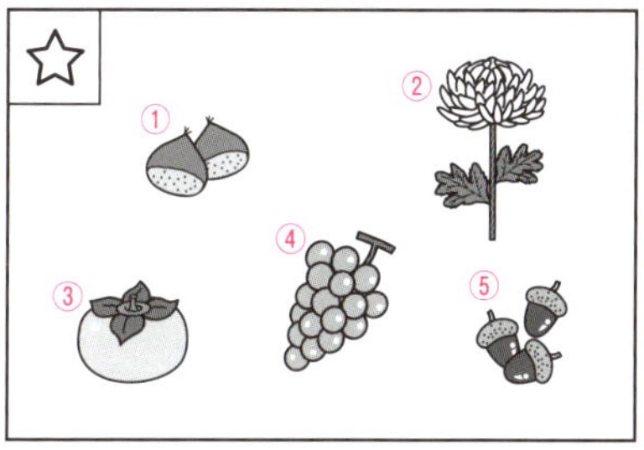

39 行事① ★★★

・上の二重四角の中の絵はどのようなときの絵ですか。
・これは何をしているところですか。お話ししましょう。
・この絵と仲よしのものをすぐ下から選んで○をつけましょう。
・下の段も同じようにやりましょう。

※１、２問目上段はお正月、羽つき、凧揚げ。下段は節分、豆まき

正解力 Tips　伝統行事は季節とともにしっかり認識できるように、食べ物や飾りなど、子どもが興味を持つものから意識づけしましょう。

40 行事②　★★★

・上の二重四角の中の絵はどのようなときの絵ですか。
・この絵と仲よしのものをすぐ下から選んで○をつけましょう。
・下の段も同じようにやりましょう。

※１問目上段はひなまつり。下段はこどもの日

正解力 Tips　ひなまつりとこどもの日は、女の子と男の子のお祭りとして対で覚え、飾るものや食べ物などの違いに気づかせていきましょう。

41 行事③　★★★

・上の二重四角の中の絵はどのようなときの絵ですか。
・この絵と仲よしのものをすぐ下から選んで○をつけましょう。
・下の段も同じようにやりましょう。

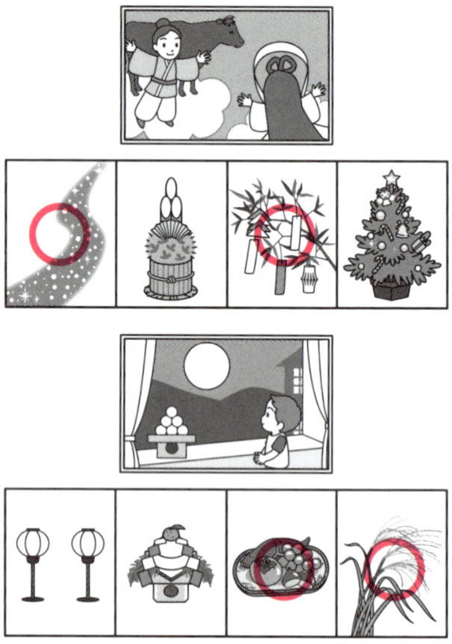

※１問目上段は七夕。下段は十五夜

正解力 Tips　十五夜は季節の恵みに感謝するという面もあります。お供えの意味なども教え、自然や食べ物を大切にする心も育みましょう。

42 行事④　★★★

・上の二重四角の中の絵はどのようなときの絵ですか。
・この絵と仲よしのものをすぐ下から選んで○をつけましょう。
・下の段も同じようにやりましょう。

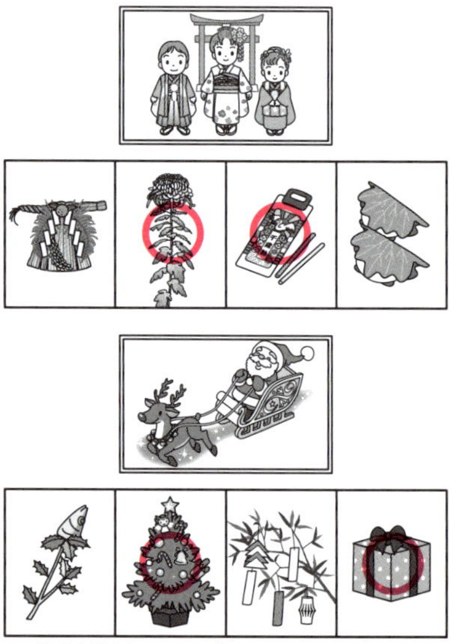

※１問目上段は七五三。下段はクリスマス

正解力 Tips　何かを食べたりもらえたりする行事の印象は強いものですが、どのような意味があるのか、由来を伝えることも大切です。

43 昔話①　★★

・上の段です。『白雪姫』のお話に出てくるものに○、『シンデレラ』のお話に出てくるものに△をつけましょう。

・下の段です。『ももたろう』のお話に出てくるものに□、『浦島太郎』のお話に出てくるものに×をつけましょう。

正解力 Tips　いずれも代表的な昔話で、出てくるものにも特徴があります。楽しく聞いて覚えたことを、絵を見て整理することも重要です。

44 昔話②　★★

・左の絵がどの昔話の絵か考えて、そのお話と仲よしのものを右から選んで○をつけましょう。

正解力 Tips　描いてあるものが何かわかることが大切です。うすや打出の小槌など身近ではないものは、話の内容とともに印象づけましょう。

45 生活①（しつけ）　★

・１段目です。左と右の絵で、クレヨンの持ち方が正しいのはどちらですか。正しいほうに○をつけましょう。
・２段目です。はさみをお友達に渡すとき、左と右の絵ではどちらが正しい渡し方ですか。正しいほうに○をつけましょう。
・３段目です。左と右の絵で、スプーンの持ち方が正しいのはどちらですか。正しいほうに○をつけましょう。

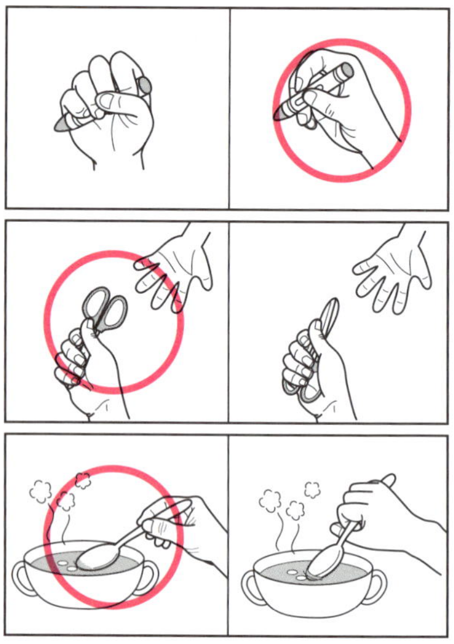

正解力 Tips　筆記具や食器は実際に正しく持てるようにしましょう。道具の貸し借りのマナーは、お友達への思いやりの心につながります。

46 生活②（買い物）　★★

・左のお店屋さんで買えるものを右から選んで、点と点を線で結びましょう。

正解力 Tips　何をどのお店で買うのか、実体験を通して学ぶことが大切です。同じお店で売っているものを、仲間とするとらえ方もできます。

47 生活③（自立）　★★

・それぞれの段の左と右の絵で、あなたができること、すると思うほうに○をつけましょう。

※解答省略

正解力 Tips　子どもの自立心、社会性に通じる課題です。自分のことは自分ですること、あいさつの大切さなどを覚えさせましょう。

習熟度 Check sheet

各問題の評価ランクは、下記の評価基準をもとに評価点のあてはまる点数を○で囲み、線でつないでください。

1… 解答の正解数がゼロ　2… 解答の正解数が 1 つ　3… 解答の正解数が約半分　4… 解答の正解数が約 3 分の 2　5… 解答が全問正解

問題番号	項目	実施日	評価ランク	memo
1	生活①（花、果物、野菜）	・	1　2　3　4　5	
2	生活②（道具）	・	1　2　3　4　5	
3	生活③（道具）	・	1　2　3　4　5	
4	生活④（道具）	・	1　2　3　4　5	
5	生活⑤（生き物、履物、着るもの）	・	1　2　3　4　5	
6	生活⑥（知識）	・	1　2　3　4　5	
7	生活⑦（用途）	・	1　2　3　4　5	
8	生活⑧（食べ物）	・	1　2　3　4　5	
9	生活⑨（乗り物、道具）	・	1　2　3　4　5	
10	同頭語①	・	1　2　3　4　5	
11	同頭語②	・	1　2　3　4　5	
12	同頭語③	・	1　2　3　4　5	
13	同頭語④	・	1　2　3　4　5	
14	同尾語①	・	1　2　3　4　5	
15	同尾語②	・	1　2　3　4　5	
16	同尾語③	・	1　2　3　4　5	
17	同尾語④	・	1　2　3　4　5	
18	音の数①	・	1　2　3　4　5	
19	音の数②	・	1　2　3　4　5	
20	音の数③	・	1　2　3　4　5	
21	しりとり①	・	1　2　3　4　5	
22	しりとり②	・	1　2　3　4　5	
23	しりとり③	・	1　2　3　4　5	
24	しりとり④	・	1　2　3　4　5	
25	仲間探し①（生活、道具）	・	1　2　3　4　5	
26	仲間探し②（生活、道具）	・	1　2　3　4　5	
27	仲間探し③（生活、道具）	・	1　2　3　4　5	
28	仲間探し④（スポーツの道具）	・	1　2　3　4　5	
29	仲間探し⑤（生活、道具）	・	1　2　3　4　5	
30	植物①（果物）	・	1　2　3　4　5	
31	植物②（花）	・	1　2　3　4　5	
32	植物③（野菜）	・	1　2　3　4　5	
33	生き物①	・	1　2　3　4　5	
34	生き物②	・	1　2　3　4　5	
35	季節①	・	1　2　3　4　5	
36	季節②	・	1　2　3　4　5	
37	季節③	・	1　2　3　4　5	
38	季節④	・	1　2　3　4　5	
39	行事①	・	1　2　3　4　5	
40	行事②	・	1　2　3　4　5	
41	行事③	・	1　2　3　4　5	
42	行事④	・	1　2　3　4　5	
43	昔話①	・	1　2　3　4　5	
44	昔話②	・	1　2　3　4　5	
45	生活①（しつけ）	・	1　2　3　4　5	
46	生活②（買い物）	・	1　2　3　4　5	
47	生活③（自立）	・	1　2　3　4　5	

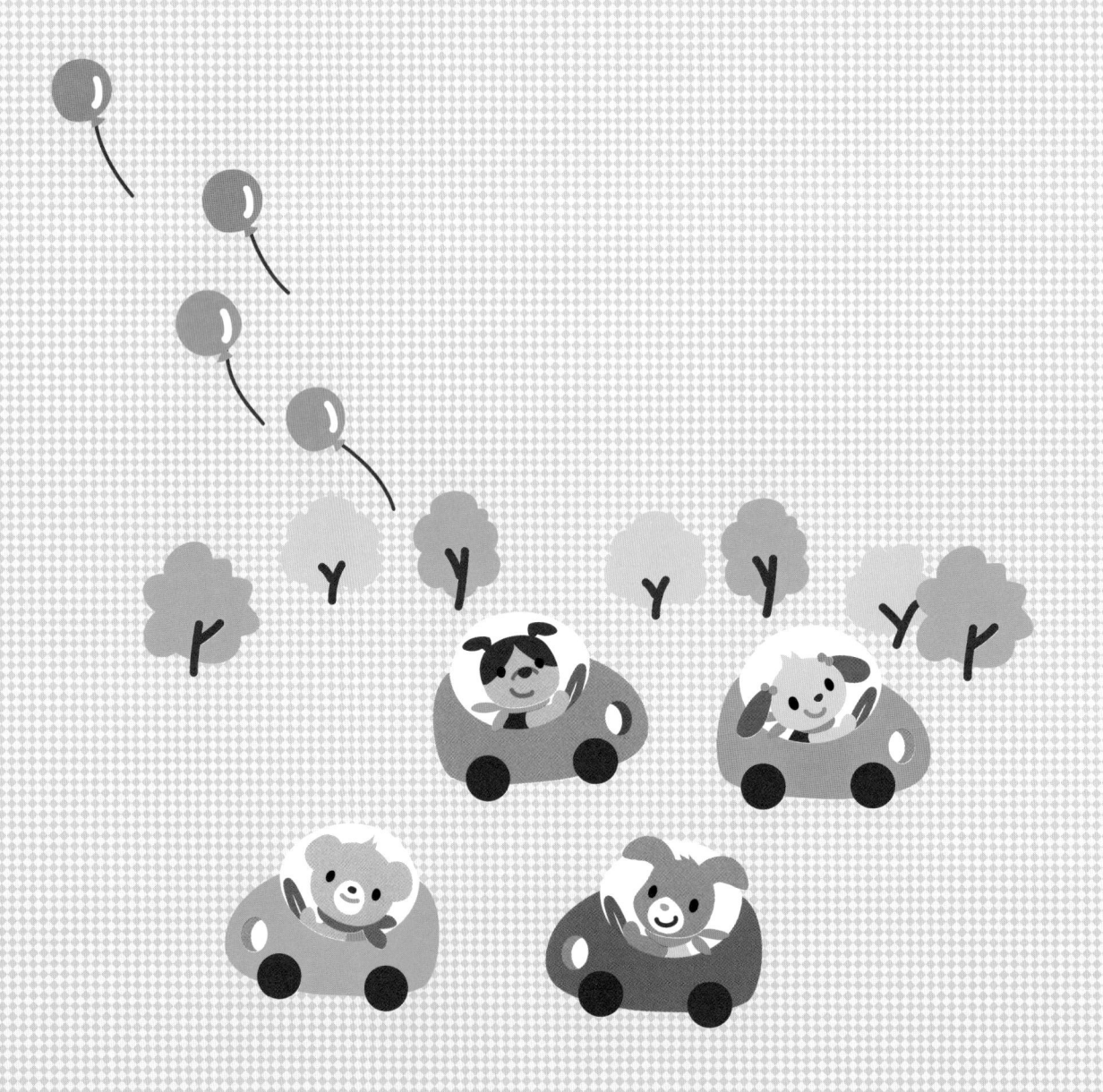

MEMO

Shinga-kai

← 矢印の方向に引くと別冊の問題＆解答例が外れます